FSC
www.fsc.org
MIX
Papier | Fördert gute Waldnutzung
FSC® C018236

ISBN 978-3-7855-8923-6
5. Auflage 2025

Dieses Werk wurde vermittelt durch die
AVA international GmbH Autoren- und Verlagsagentur, München.
www.ava-international.de
Umschlag- und Innenillustrationen: SaBine Büchner
Umschlaggestaltung: Michael Dietrich

Druck und Bindung: Drukarnia Dimograf Sp. z o.o.,
ul. Legionów 83, 43-300 Bielsko-Biala, POLEN
produktsicherheit@loewe-verlag.de

www.loewe-verlag.de
www.ursula-poznanski.de

Ursula Poznanski

Sabine Büchner

BUCHSTABEN DSCHUNGEL

Loewe

Mit lautem Huiiiiiii pfiff der Sturm über den Dschungel, so stark, dass sich die Bäume bogen.

Auf einem dieser Bäume – einem besonders hohen – wohnte ein kleiner Affe. Er wohnte da, solange er denken konnte, aber einen solchen Sturm hatte er noch nie erlebt. Er sah seltsame bunte Dinge vorbeifliegen, große und kleine, eckige und runde.

Kurz darauf flog etwas vorbei, das aussah wie ein rot-blau-gelbes, krächzendes Federknäuel.

„Komm her, hier ist es ruhig und sicher!“, rief der kleine Affe, denn er hatte den Papagei erkannt, der ein paar Bäume weiter wohnte.

Der Papagei flatterte mit seinen rot-blau-gelben Flügeln so fest er konnte und schaffte es schließlich bis zum Baum des kleinen Affen.

„Danke“, krächzte er. „Ich habe schon befürchtet, dass es mich bis nach Timbuktu weht!“

Nach zwei Stunden war alles vorüber. Der kleine Affe schaute sich um. Was für eine Unordnung! Überall an seinem Baum hingen fremde Früchte herum. Früchte, die er noch nie gesehen hatte.

„Das sind keine Früchte“, krächzte der rot-blau-gelbe Papagei. „Das sind Buchstaben.“

„Kann ich die behalten?“, fragte der kleine Affe.

„Das glaube ich nicht“, antwortete der Papagei. „Aber sag mir zuerst, was für ein Tier du bist.“

„Ich bin der kleine Affe“, sagte der kleine Affe.

„Sehr gut“, sagte der Papagei. „Du hast noch alle deine Buchstaben. Diese hier“ – er zeigte auf die Buchstaben, die in den Bäumen hingen – „diese hier brauchst du nicht. Die müssen anderen Tieren gehören.“

„Na gut“, meinte der kleine Affe. „Dann werde ich sie einsammeln, damit sie nicht verloren gehen.“ Er machte sich auf und

kletterte an seinem Baum hinauf und hinunter, hinauf und hinunter, bis er alle Buchstaben eingesammelt und fein säuberlich an seinem Schwanz aufgefädelt hatte.

„Bravo", sagte der rot-blau-gelbe Papagei. „Jetzt werden wir einen Spaziergang machen."

Sie waren noch nicht lange gewandert, als sie zu einer Lichtung kamen, auf der ein großes braunes Tier mit geschwungenen Hörnern bekümmert um sich blickte. Ab und zu zupfte es ein paar Blätter von den Bäumen und kaute unentschlossen auf ihnen herum.

„Schau mal", sagte der Papagei, „dieses Tier sieht doch sehr so aus, als ob ihm etwas fehlt."

Der kleine Affe nahm seinen ganzen Mut zusammen und ging zu dem großen Tier hin. „Wer bist denn du?“, fragte er vorsichtig.

„Ich bin ein Nu“, sagte das Nu mit gesenktem Blick. „Und ich fühle mich gar nicht wohl dabei.“

„Dem armen Tier fehlt ein Buchstabe!“, stellte der Papagei fest. „Lass uns sehen, ob wir nicht den richtigen haben.“

Er fädelte mit seinem Schnabel ein paar besonders schöne Buchstaben vom Schwanz des kleinen Affen und legte sie auf den Boden.

„Hmmm", überlegte er. „Wir müssen probieren, ob unserem Freund Nu hier einer davon passt."

Der Affe suchte ein schönes, rundes O aus, aber das Nu schnüffelte nur misstrauisch daran.

„Nein", meinte es schließlich. „Ein Onu bin ich ganz sicher nicht." Auch ein Snu, ein Pnu oder ein Dnu wollte das Nu auf keinen Fall sein. Schließlich fand der kleine Affe ein hübsches G, und obwohl es vom Sturm ein bisschen verbogen war, hüpfte das Nu vor lauter Begeisterung. „Ein Gnu, genau, ich bin ein Gnu, ein Gnu, ein Gnu, juhu, ein GNU."
Es bedankte sich herzlich bei dem Papagei und dem kleinen Affen und stapfte zufrieden davon.

Aua!

Der kleine Affe strahlte über sein ganzes Affengesicht. „Das hat Spaß gemacht“, rief er. „Lass uns weitergehen und andere Tiere suchen.“

Während er das sagte, stolperte er über einen graugrünen Schlauch, der quer über dem Weg lag.

„Aua!“, rief der Affe.

„Oje-oje-oje“, jammerte der Schlauch. „Oje-oje, ich arme Lange!“

„Das ist kein Schlauch“, stellte der Affe fest. „Das ist ein Tier!“

„Oh ja“, sagte das Tier und hob den Kopf, „ich bin eine Lange und es geht mir wirklich schlecht.“

„Der Name passt zu dir“, meinte der Affe. „Du bist lang und heißt auch so. Eine lange Lange.“

„Mach dich nicht lustig über mich“, zischelte die Lange und versuchte sich einzurollen – stattdessen verhedderte sie sich zu einem großen Knoten.

„Glaubst du, diesem Tier fehlt auch ein Buchstabe?“, flüsterte der kleine Affe.

„Da bin ich mir ganz sicher“, antwortete der Papagei. „Mindestens einer. Und ich glaube, ich weiß auch, welcher das ist.“

Wieder breitete der Affe seine ganzen eingesammelten Buchstaben auf dem Boden aus. Der Papagei suchte mit Kennerblick ein schön geschwungenes S heraus und gab es der Lange.

„Slange", überlegte diese und wurde ein bisschen grüner. „Das ist schon viel besser. Aber so richtig gut ist es noch nicht."

„Hmmm", überlegte der Papagei. „Da haben wir eine schwierige Aufgabe." Doch nachdem er noch ein wenig nachgedacht hatte, pickte er ein C und ein H aus den Buchstaben heraus und überreichte sie der Slange.

„Ja, das ist es! Eine **Sch**lange bin ich, eine **Sch**lange! Danke", jubelte die **SCHLANGE**, die jetzt wieder vollständig war und giftgrün leuchtete. Sie entknotete sich rasch und schlängelte davon.

„Toll", staunte der Affe. „Du bist so klug, Papagei."

„Ach was", lächelte der Papagei geschmeichelt. „Das ist nicht so schwer, das kannst du auch."

„Meinst du wirklich?"

„Ganz sicher. Beim nächsten Tier, das unsere Hilfe braucht, bist du an der Reihe."

Plu

Doch sie mussten eine ganze Weile wandern, bis sie wieder auf jemanden trafen. Beinahe wären sie vorbeigelaufen. Denn alles, was sie von dem Tier sehen konnten, war ein langer, gelb-schwarz geringelter Schwanz, der von einem Ast hing.

Der kleine Affe hielt den Schwanz für eine seltsame Liane und zog neugierig daran. Es gab einen lauten Plumps und vor ihnen lag ein großes, gestreiftes, ächzendes Tier.

„Warum hast du mich vom Baum gezogen?“, fragte es weinerlich. „So wie ich mich heute fühle, komme ich da nie wieder hinauf.“

„Das tut mir sehr leid“, sagte der kleine Affe. „Übrigens: Ich bin der kleine Affe. Darf ich fragen, wer Sie sind?“ Er versuchte, sehr höflich zu sein, denn es war ihm peinlich, dass er die Schuld am großen Plumps des großen Tieres hatte.

„Sieht man das nicht?“, fragte das Tier. „Ich bin ein Iger.“

Der Affe kratzte sich am Kopf. „Leider habe ich noch nie von Ihnen gehört. Könnte es sein, dass Ihnen etwas fehlt? Ein Buchstabe vielleicht?“

Der Iger dachte angestrengt nach. „Tja“, meinte er schließlich. „Das wäre möglich. Aber welcher?“

„Das werden wir gleich herausfinden“, sagte der kleine Affe eifrig. Blitzschnell hatte er alle Buchstaben auf dem Dschungelboden ausgebreitet und ein sehr großes Z herausgesucht, das er dem Iger reichte.

„Ziger?“, stöhnte der Iger und schüttelte den mächtigen Kopf. „Nie im Leben.“

Als Nächstes fischte der Affe ein M hervor.

„Miger?“ Der Iger war entsetzt.

Dann versuchte der Affe es mit einem schönen, rollenden R, doch der Iger versteckte nur sein Gesicht hinter den Pranken und stöhnte leise.

„Einen Riger gibt es auch nicht“, sagte der Papagei und spreizte seine rot-blau-gelben Federn.

Der kleine Affe war beleidigt. „So leicht, wie du gesagt hast, ist das gar nicht“, beschwerte er sich.

Der Papagei dachte nach. „Ich glaube, ich weiß, welcher Buchstabe dem Herrn Iger fehlt, aber ich bin mir nicht sicher, ob wir ihm den wirklich geben sollen. Ich befürchte, wenn der Herr Iger vollständig ist, ist er auch ziemlich ungemütlich.“

„Bitte“, flehte der Iger. „Ihr wisst ja nicht, wie das ist. So ohne Kraft und ohne Biss …“

„Das mit dem Biss beunruhigt mich eben“, meinte der Papagei.

„Ich werde euch nicht beißen, ganz ganz ehrlich“, versprach der Iger.

Der Papagei war einverstanden. „Gut, also wollen wir einmal sehen, ob wir den richtigen Buchstaben doch noch finden.“

„Ich, ich will ihn finden!“, rief der Affe. Er dachte ganz fest nach und plötzlich fiel ihm ein großes gelbes T auf, das bei näherer Betrachtung sogar zart braun gestreift aussah. „Ich glaube, ich hab es“, freute er sich, nahm das T und legte es dem Iger vor die Füße.

Der schnurrte glücklich, schnappte sich ruck, zuck sein T und war wieder der gleiche wilde Tiger, der er vor dem Sturm gewesen war.

„Ich glaube, ich muss jetzt ein bisschen brüllen vor Freude“, kündigte er an.

Der Affe und der Papagei hielten sich die Ohren zu und der **TIGER** brüllte so laut, dass man es im ganzen Dschungel hören konnte.

„Ooohhh, jetzt geht es mir besser“, stellte er dann fest und kletterte flugs seinen Baum hinauf. „Vielen Dank euch beiden.“ Und schon war er verschwunden.

Der kleine Affe ließ sich erschöpft auf einen Stein sinken. „Ich bin müde und ich habe Hunger“, seufzte er.

Der Papagei blickte sich um. „Da drüben ist ein Mangobaum. Warum holst du dir nicht einfach etwas zu essen?“

Der Affe kletterte blitzschnell den Baumstamm hinauf und pflückte drei große, reife Mangos.

Da gab es einen lauten Rums und der kleine Affe wurde vom Ast geworfen. Das war ihm noch nie passiert! Er lag auf dem Boden, der Rücken tat ihm weh und um ihn herum waren seine Mangos verstreut. Doch da war noch etwas.

Ein schwarzes Tier mit seltsamen Flügeln und spitzen Ohren lag neben ihm auf dem Boden. Es bewegte sich nicht.

Der kleine Affe stand auf und schüttelte sich. „Was ist denn passiert?", fragte er den Papagei.

„Das Tier, das da liegt, ist gegen den Baum geflogen", antwortete dieser. „Eigentlich sollte es zu dieser Tageszeit gar nicht unterwegs sein." Er ging zu dem Tier und kitzelte es vorsichtig mit seinem Schnabel an einem der Flügel. Es schlug die Augen auf.

„Kopf tut weh", sagte es.

„Kein Wunder", meinte der Papagei streng. „Du bist gerade damit gegen einen Baum gedonnert."

„Das kommt von dem vielen Licht", sagte das Tier. „Das verwirrt mich so."

„Du hast wohl auch einen Buchstaben verloren", vermutete der Papagei. „Schauen wir, was wir für dich tun können."

„Nein", rief der Affe. „Dem da will ich nicht helfen. Es hat mich vom Baum geworfen. Und schau doch, was es mit meinen Mangos gemacht hat. Die sind alle kaputt!"

Der Papagei schüttelte den Kopf. „Das war aber keine Absicht. Und es geht ihm wirklich nicht gut."

„Meinetwegen", brummte der Affe. Er trug die Buchstaben zu der Stelle, wo das Tier lag. „Was bist du denn?", fragte er.

„Eine Ledermaus", antwortete das Tier verschämt. „Ich weiß, das klingt furchtbar dumm."

„Knifflig, knifflig", sagte der Papagei und stieg von einem Bein auf das andere. „Was meinst du, kleiner Affe?"

„Ich finde, Ledermaus klingt nicht so schlecht", sagte der Affe. „Schau doch, seine Flügel sehen aus, als wären sie aus Leder."

Doch bei näherem Hinsehen fanden sie ein **F**, schwarz wie die Nacht, das sie der Ledermaus anboten. Es passte wie angegossen.

Die **F**ledermaus flatterte hoch, dann begann sie zu gähnen. „Das ist wirklich nicht meine Zeit. Ich fliege zurück in meine **FLEDERMAUS**-Höhle und warte, bis die Sonne untergeht." Dann flog sie davon, aber nicht ohne zuvor drei Mangos vom Baum zu schütteln.

„Das ist die Art von Dankeschön, die ich mag", sagte der kleine Affe und biss so kräftig in eine Mango, dass es spritzte.

Danach wanderten Papagei und Affe weiter und weiter, verteilten da und dort einen Buchstaben oder zwei – bis der kleine Affe plötzlich stehen blieb und horchte. „Es rauscht", verkündete er. „Hörst du es rauschen, Papagei?"

Der Papagei horchte auch, dann nickte er. „Das ist das Meer."

Sie gingen noch ein kurzes Stück, dann standen sie am Ufer. Der kleine Affe machte große Augen, er hatte noch nie zuvor das Meer gesehen.

„So viel Wasser", staunte er. „Hast du gewusst, dass es so viel Wasser gibt, Papagei?"

Doch bevor der Papagei antworten konnte, sahen sie zwei Tiere auf sich zuschwimmen, ein kleines und ein riesengroßes. Das große war so groß, dass es gar nicht

ganz ans seichte Ufer heranschwimmen konnte. Es sah traurig aus und blies eine zaghafte Wasserfontäne aus einem Loch in seinem Rücken. Das Kleine aber schwamm dem Affen fast bis vor die Füße. Der Affe war verdutzt: „Schau her, Papagei, ein Wassertier, das aussieht wie die lange Schlange vorhin."

„Na ja", meinte der Papagei. „Fast."

Das schlangenartige Wassertier hob den Kopf und sah sich suchend um.

„Hast du etwas verloren?“, fragte der Papagei.

„Ja“, blubberte das Tier. „Wir haben beide etwas verloren. Eines von den Dingen, die dein Freund da mit sich trägt.“

„Das sind Buchstaben“, belehrte ihn der kleine Affe. „Wir werden euch helfen. Was für ein Tier bist du denn?“

„Ein Al“, sagte das schlangenartige Wassertier.

„Ich bin auch ein Al“, schniefte das riesengroße Wassertier.

„Ihr haltet mich wohl für dumm“, schimpfte der kleine Affe. „Ich sehe doch genau, dass ihr zwei ganz verschiedene Tiere seid.“

„Das sind wir ja auch“, rief das riesengroße Wassertier. „Ich bin nämlich ein Al.“

„Und ich bin ein Al“, ergänzte das schlangenartige Wassertier.

„Die wollen mich ärgern“, sagte der Affe zum Papagei. „Ich glaube, wir gehen besser.“

„Nicht so schnell“, meinte der Papagei. „Ich habe da eine Idee.“ Er zupfte zwei Buchstaben aus dem Vorrat des Affen und überreichte einen davon dem schlangenartigen Tier. Es war ein rosa getupftes **A**.

Der Aal war glücklich. „Ein A allein ist eben nicht genug für einen AAL wie mich“, strahlte er und schwamm in langen Wellenbewegungen davon.

Übrig blieb das riesengroße Tier. „Habt ihr für mich auch etwas?“, fragte es schüchtern.

„Ich glaube schon! Probier mal!“, rief der Affe und warf einen großen, blaugrauen Buchstaben weit ins Meer hinaus.

Der Al tauchte kurz unter und als er wieder auftauchte, balancierte er ein **M** auf dem Kopf.

„Ich soll ein **M**al sein?“, jammerte er.

„Du musst das **M** umdrehen“, krächzte der Papagei.

Der **M**al tauchte noch einmal und diesmal kam er als perfekter grauer **W**al wieder an die Oberfläche.

„Es war ein **W**", sagte er strahlend. „Ich hätte es wissen müssen! Ich bin ein **WAL**, ein **WAL**!" Er blies eine wunderschöne Fontäne aus seinem Rücken und tauchte wieder unter. Zum Abschied schlug er mit seiner mächtigen Schwanzflosse so fest aufs Wasser, dass es fast bis ans Ufer schwappte.

„Es wird spät“, sagte der kleine Affe. „Und wir haben noch so viele Buchstaben übrig. Weißt du eigentlich, wie schwer die sind? Ich mag nicht mehr!“

„Versteh ich, versteh ich“, krächzte der Papagei. „Pass auf, wir werden das jetzt ganz anders machen.“

Er flatterte hoch und flog weite Kreise über den Dschungel. „Hallo, Tiere“, rief er dabei. „Wir haben eure Buchstaben! Wenn euch einer fehlt, dann kommt und holt ihn euch!“

Der Affe warf die übrig gebliebenen Buchstaben in die Luft.

Rundherum begann es zu rascheln. Von allen Seiten sprangen, krochen, watschelten, tappten oder hüpften Tiere aus dem Dschungel.

Unter lautem Zischen und Bellen, Knurren und Gurren, Brummen und Summen stürzten sie sich auf die Buchstaben und jedes suchte sich den heraus, der ihm fehlte.

„Das war eine tolle Idee von dir“, sagte der Affe, als alle zufrieden wieder abgezogen waren. „Schade, dass du sie nicht schon früher gehabt hast, dann hätten wir uns den weiten Weg erspart.“

„Ich weiß nicht, was du willst“, sagte der Papagei. „Das war doch ein schöner Spaziergang! Aber jetzt wird die Sonne bald untergehen. Wir müssen uns beeilen, wenn wir noch nach Hause kommen wollen, bevor es dunkel wird.“

„Gut“, sagte der kleine Affe. „Lass uns heimgehen und gemeinsam ein paar Bananen essen.“ Er blickte auf die vier letzten Buchstaben, die noch verstreut lagen.

„Glaubst du, ich kann sie einfach hierlassen? Ich habe keine Lust mehr, sie mit mir herumzuschleppen.“

„Ich denke, das ist in Ordnung“, antwortete der Papagei. „Wenn jemand sie braucht, wird er sie hier schon finden.“

Der kleine Affe reihte die Buchstaben ordentlich im Sand auf, wo sie im Abendrot leuchteten. Dann stapfte er mit dem Papagei zurück in Richtung Dschungel.

ENDE

A B C
F G H
L M N
Q R
V W X